黎明ポケットシリーズ⑤

3・4・5歳児の子どもが落ち着く
魔法の運動あそび28

斎藤道雄著

黎明書房

はじめに

子どもは、体を動かせばスッキリし、気持ちが落ち着く

「じゃれつき遊び」という遊びがあるそうです。

この遊びは、大きなマットの上で子どもたちが重なり合ったり、体を揺すって歩く先生方に子どもたちが一生懸命にしがみついたりします。

遊び終わったあとは、がらりと変わって、紙芝居やカード遊びなどの静的な活動の時間を過ごします。しかし、子どもたちはそれにもしっかりと集中するそうです。

ある専門家は、言います。

「一度、脳を興奮させてあげると、そのあとの静かな遊びにも集中できるようになる。」

このことは、以前より、幼児体育指導のテクニックとして活用されています。

たとえば、授業の最初にオニごっこやかけっこをして、子どもたちを思う存分に動かすようにします。

思いっきり走り回った子どもたちは、そのあとの授業にもしっかりと集中するようになります。

つまり、子どもたちは、思う存分体を動かせば落ち着きます。

特に，子どもたちに落ち着きがないような場合は，効果抜群です。

ただし……，

子どもたちは正直です。

「つかれたあ～。」「つまんな～い。」「やりたくな～い。」

ちょっとおもしろくないと，すぐにこう言いだします。

　いくら「体を動かせば落ち着く」ことを知っていても，実際に子どもたちが動かなければ意味がありません。

「子どもたちの遊ばせ方がわからない。」

「思いっきり遊ばせたいけど遊びを知らない。」

そんな人のために，この本は，

---

① おもに幼稚園や保育園や小学校の先生が，

② または，子どもたちを対象にした運動指導者が，

③ ある一定の限られた時間（授業時間）で，

④ 子どもたちに思う存分体を動かしてもらうための，

⑤ 実践的ゲームの知識を獲得し，ゲームスキルをアップ（技術向上）させることを目的にしています。

さあ，思いっきり体を動かしましょう。

心も体も，スッキリしましょう。

斎藤道雄

もくじ

はじめに　こどもは,体を動かせばスッキリし,気持ちが落ち着く　1

子どもが驚くほど体を動かし,スッキリする 10 のテクニック

楽しさをエネルギーに変換する

1 「見つけたい」という動機をエネルギーにする …… 8
2 ゲームを利用して目的を達成する ……………………10

集中する空気をつくる

3 「転んでも泣かない」約束をする ……………………12
4 相手のスキをつけば有利になるようにする …………14
5 同じことを 1 分以上続けない……………………………16

一般的なやり方を無視する

6 ルールよりも楽しさを優先する ………………………18

7　空気を抜いてボールが転がらないようにする ………20

子どもたちの気持ちに働きかける

8　子どもたちのハートを射抜く言葉で話す ……………22
9　遊びの流行を発信する …………………………………24

声を出して落ち着かせる

10　思いっきり大きな声を出してスッキリする ………26
コラム　ドッジボールと顔面セーフ ……………………………28

子どもの心と体が驚くほど
スッキリする魔法の運動あそび

かけっこ&オニごっこでスッキリ

1　エンドレスリレー …………………………………………30
2　氷オニ ………………………………………………………32
3　トロール船 …………………………………………………34
4　手つなぎオニ① ……………………………………………36
5　手つなぎオニ② ……………………………………………38

6	手つなぎオニ③	40
7	かけっこジャンケン	42
8	ちびっこしっぽとり①	44
9	ちびっこしっぽとり②	46

ゲーム&体操でスッキリ

10	動物探検隊	48
11	モジモジ探検隊	50
12	かごの中のとり	52
13	宝とりゲーム①	54
14	宝とりゲーム②	56
15	宝とりゲーム③	58
16	ジャンケン大冒険	60
17	元気体操	62

チームでスッキリ

18	エネルギーゲーム	64
19	ラグビーオニごっこ①	66
20	ラグビーオニごっこ②	68
21	ちびっこサッカー	70
22	ちびっこドッジボール①	72

23　ちびっこドッジボール② …………………………… 75

ボールでスッキリ

24　ゴロゴロドカン ……………………………………… 78
25　ゴロゴロスルー ……………………………………… 80
26　ボールコロコロ ……………………………………… 82
27　めちゃドッジ① ……………………………………… 84
28　めちゃドッジ② ……………………………………… 86

おわりに　子どもたちの人間的成長を支援する　88

子どもが驚くほど
体を動かし、スッキリする
10のテクニック

1 「見つけたい」という動機を エネルギーにする

ちょっとオニごっこをすると，
ちょっとなわ跳びをすると，
ちょっとかけっこをすると，
最近の子どもたちは，すぐ「つかれた～」と言います。

そんな子どもたちが，つかれも忘れてしまうぐらい夢中になるようなゲームはないか？

そう思って考えたのが，「動物探検隊（48頁参照）」です。初めて動物探検隊をするときに，ぼくは子どもたちにこう言いました。

「今日は，みんなにお願いがあります。このどこかに，5匹の動物が隠れています。みんなは，動物探検隊になって，その隠れている動物をすべて探し出してきてください。」

そう言うと，子どもたちの目の色が変わるのがはっきりとわかりました。

「動物探検隊，しゅっぱあーつ！」

言い終わるや否や，子どもたちは，パーッと，あちこちに散らばっていきました。

「あったー！」「あったー！」
あちこちから子どもたちの歓声があがります。

動物探検隊は，かけっこやオニごっこと比べると，子どもたちが，**全力疾走する必要がありません。**したがって，運動を長く続けることができます。

さらに，いろいろな動物がいるので，あきずにできます。子どもたちが，体を思う存分に動かし，スッキリするにはピッタリのゲームと言えます。

案の定，子どもたちからは，「つかれた〜」という言葉は一言も聞かれませんでした。

このことを幼児体育指導の専門家の知人に話したら，

「オリエンテーリングのようなことを，子どもたちを走らせることに利用するなんて考えたこともなかった」と言っていました。

動物探検隊は，「探したい（見つけたい）」という自主的な動機がエネルギーです。

だから，子どもたちはいつまでもつかれずに動き続けることができるのです。

本当に楽しければ，つかれなんて感じない。

楽しさをエネルギーに変換する

② ゲームを利用して目的を達成する

「全然厳しくないのに，子どもたちが言うことを聞く。」

ある保育園の先生に，そう言われたことがあります。
ぼくは，子どもたちと接するときに，厳しくしようとか，やさしくしようとかは，特に気にしていません。
では，子どもたちがぼくの言うことを聞く理由は何でしょうか。
それは，**子どもたちが楽しいと感じるように働きかけているから**だと思います。

たとえば，オニごっこをするときに，子どもたちに，「集合」と言っても，なかなかすぐには集まらないことがあります。ダラダラ行動していると，けがの原因にもなります。

そんなときには，ゲームを利用して，子どもたちを集めます。これは，ぼくが実際に現場で行っている方法ですが，「集合」とは言わずに，「丸くなる競争，ヨーイドン」と言います。
そう言って**子どもたちに集まる速さを競わせるようにします**。

すると，子どもたちは，「はやく，はやく」「こっちこっち」と一生懸命に仲間に声をかけながら，男の子と女の子に分かれて，手をつないで丸くなります。

全員がそろったら，その場に座らせて話をはじめます。

ゲームを利用することで，子どもたちは，素早く，しかも楽しく動こうとするようになります。

その結果，子どもたちは落ち着いて話が聞けます。

また，保育園や幼稚園は，給食やお弁当のとき，いくつかのグループに分かれて食べるようになっています。このグループを利用して，「一番になったグループは，次のオニごっこのオニになることができます」と言います。

こうすることで，流れが途切れずにスムーズに進行します。

ゲームを利用することで，

子どもたちが素早く動きます。

貴重な時間を有効に使えます。

運動する時間が長くなります。

なによりも，子どもたちが「楽しい」と思うようになります。ゲームには子どもが動く魔法の力があります。

子どもたちが動く極意はゲームにあり。

> 楽しさをエネルギーに変換する

③ 「転んでも泣かない」約束をする

　ぼくは，幼児体育教室でオニごっこをするときに，毎回必ず子どもたちと約束することがあります。それは，**「転んでも泣かない」**ことです。
　オニごっこをする前に子どもたちとこんなやりとりをします。

「転んでもぉー？」　　　　　「泣かなあい！」
「ぶつかってもぉー？」　　　「泣かなあい！」
「痛くてもぉー？」　　　　　「泣かなあい！」
「涙が出そうになってもぉー？」「泣かなあい！」
「涙が出てもぉー？」　　　　「泣かなあい！」

あらかじめ子どもたちと約束しておくと，実際に転んでも，泣かずに起き上ってオニごっこを続けるようになります。
　100％とまではいきせんが，確実に転んで泣く子どもの人数は減少します。

　「泣かない」という言葉を元気に発することは，子どもたちの心理に抜群の効果があります。

オニごっこをはじめる前に子どもたちが,「よしっ」「やるぞ」「泣かないぞ」という気持ちになると,全体の士気がぐーんと高まります。

　その気持ちでオニごっこをすれば,動きも活発になるので,運動効果もあがることが期待できます。

　仮に,ひとりでも泣いてしまう子どもがいると,全体の雰囲気は盛り下がります。子どもたちの動きも鈍くなります。

　子どもたちが活発に動くためには,「転ばないように注意する」のではなく,「転んでも泣かない約束をする」ことです。

　子どもたちがオニごっこをすれば,必ず誰かが転びます。「転ぶな」と言うほうが無理な話です。

　転ばないように注意することよりも,転んだときに再び起き上ることのほうが得策です。

　たとえ転んでも起き上ることが,子どもたちの心身の成長にもつながると信じています。

　ちなみに,4歳児(年中)クラスでは,「転んでもぉー?」「泣かなあい!」ですが,5歳児(年長)クラスになると,こうなります。

　「転んでもぉー?」「ぜったいにっ!　泣かないっ!」

言葉に出して言えば,そのとおりになる。

④ 相手のスキをつけば有利になるようにする

　子どもたちがゲームに集中するようにするには，相手のスキをつけば有利になるような仕組みにします。

　スキをつけば有利になるということは，油断をすれば不利になるということです。

　必然的に，子どもたちの集中力も高まります。

　その代表的なゲームの1つが宝とりゲーム（54頁参照）です。

　宝とりゲームは，自分の宝を守りながら，相手の宝を奪うゲームです。ちょっとでも気を緩めると，すぐに相手が攻め込んできます。

　このように**ほどよい緊張感を保ちながらゲームをすると，激しく体を動かさなくても充実感や達成感があります。**

　「はじめに」で書いたとおり，「脳が興奮する」とは，こういう状況のことを言うのだと思います。そして，ゲームが終われば，その次の穏やかな遊びに集中できるのです。

　子どもたちが「とても楽しかった」と感想を言うのはそういうときです。

そのためには，子どもたちが集中するような状況づくりが大切です。

宝とりゲームをするときに，子どもたちがさらに集中する方法があります。**「センターラインをまたいで，相手を自分のコートに引きずりこんでもよい」**というルールにします。

センターライン付近で，少しでもよそ見をすると，相手に引っ張られてしまうので油断できなくなります。しかも片足を踏み込んでよいので，相手はかなり侵入してきます。

実際に子どもたちからは，「気をつけて！」「危ない！」と仲間に声をかけるようになります。

たった1つルールを増やすだけでも，子どもたちの集中力が格段にアップします。

大切なことは，子どもたちが集中する空気にすることです。ほんの一瞬のスキをつけば有利になる，ちょっとでも油断したら不利になる。

そう思えばどもたちは必然的に集中します。集中すれば，楽しくなります。

> **子どもたちが集中する空気づくりをする。**

⑤ 同じことを1分以上続けない

　ぼくが，幼児体育指導で，ウオーミングアップをするときには，**同じことを1分以上続けない**ようにします。

　たとえば，なわ跳びを跳ばせるときには，**1つの跳び方を短くして，跳び方の種類を豊富にします**。そうすることで，子どもたちは**あきずに長くなわ跳びを続けることができるようになります**。

　前跳び，後ろ跳び，ケンケン跳び（前，後，左，右），その場かけあし跳び，あや跳び，二重跳び，かけあし跳び……。
　これだけで，11回もチェンジすることになります。
　最後のかけあし跳びは，トラックを右回りに走らせたり，左回りに走らせたり，何度も走る向きを変えて行います。向きが変わるだけでも，気分が切り替わります。

　ここまでで合計10分以上になります。ただし，1つのことを30秒〜40秒でチェンジしているので，実際の時間ほど長く感じません。気づいたらもう10分以上も過ぎていたという感じです。

さらに，前跳び，後ろ跳び，前跳び，ケンケン跳び，後ろ跳び……と，同じ種目をランダムに繰り返して行えば，運動する時間が長くなりますし，子どもたちの技術も向上します。

「幼児にあやとびや，二重跳びは難しすぎるのでは？」と思うかもしれませんが，ここでの目的は上手に跳ぶことではなく，あくまでも体を動かすことです。

なわ跳びの最後に，「しっぽとり！」と言うと，子どもたちは，しっぽとり（44頁参照）が大好きなので，たとえつかれていたとしても喜んでやります。

大事なことは，あらかじめメニューを豊富に用意しておくことです。子どもたちは，同じことを長く続ければ，すぐにあきてしまいます。

メニューを豊富に用意しておけば，子どもたちがあきてしまう前にメニューを変えることができます。

タイムリミットの目安は1分です。ちょっと短いと思うかもしれませんが，それぐらいのつもりで，メニューを用意しておくことが肝心です。

> **よく練られた計画は子どもたちをあきさせない。**

集中する空気をつくる

6 ルールよりも楽しさを優先する

「えーっ！ こんなに，ちっちゃいんですか？」

ぼくが，**子どもたちにドッジボールを教えるときには，コートを小さくします。**担任の先生は，それを見て思わずビックリします。

コートの大きさは，約 2m と約 4m の長方形です。つまり，内野は 2m 四方の正方形になります。

ちなみに，小学生の公式ルールでは，10m と 20m の長方形ですから，内野は 10m 四方の正方形です。5，6 歳の子どもだからといっても，いかに小さいかが，おわかりになると思います。

コートを小さくするねらいは，ボールをぶつけやすくすることです。ドッジボールが楽しいと思うのは，ボールをぶつけたときです。

ただし，幼児期はボールを器用に扱う能力（巧緻性）が，未発達な段階なので，ボールをうまくコントロールすることができません。

そこで，**コートを小さくして**，命中率が高くなるようにします。

ボールをぶつければ楽しくなります。楽しくなれば，子どもたちの動きは格段によくなります。

大切なことは，ドッジボールのやり方を教えることよりも，ドッジボールが楽しいと感じるようにすることです。

「やり方を教えれば，あとは子どもたちだけで楽しめるのでは？」そう思うかもしれませんが，それは，球技を得意とするごく一部（おもに男の子）の子どもだけが楽しんでいるにすぎません。

だから**幼児には，やり方だけでなく，おもしろさを教える必要があります。**

先日，小さなコートで，先生と子どもたちでドッジボールの試合をしました。コートが小さいので，子どもたちにも勝機があります。おとなたちも真剣です。

大接戦の末，子どもたちが勝ちました。言うまでもなく，おとなに勝った子どもたちは大喜びでした。

> **「好きこそものの上手なれ。」**
> **楽しければうまくなる。**

一般的なやり方を無視する

7 空気を抜いてボールが転がらないようにする

「どうにかしてボールを転がらないようにできないか?」

幼児体育の授業でサッカーをするときに,ぼくは,いつもそう思っていました。

幼児期の子どもたちは,まだ足で器用にボールを扱うことができません。

サッカースクールの子どもたちならまだしも,ぼくが教えているのは,保育園の子どもたちです。中には,ふだんほとんどボールにさわったことのないような子どももいます。

そんな子どもたちが,ひとたびボールを蹴れば,ボールははるか遠くまで転がってしまいます。やっとのことでボールに追いついても,同じことの繰り返しです。

また,ボールがジャングルジムやブランコや砂場などに転がればゲームを一時中断しなければなりません。子どもたちにとって,「サッカーが楽しい」と感じる状況ではありません。

そこで思いついたアイディアが,「ボールの空気を抜く」ことです。

ボールの空気を半分ぐらい抜いてしまいます。すると，球を半分に切ったような，おわん型のようになります。

実際にそのボールでサッカーをしてみると，**ボールを思いっきり蹴っても，2，3mしか転がらないので，すぐにボールに追いつくことができる**ようになります。

ゲームを中断することも少なくなるので，集中力が持続するようになりました。

さらによいことは，初めてサッカーをするような子どもでも，簡単にサッカーができるようになったことです。

このボールなら，サッカーのうまくない子どもでも，サッカーにあまり関心のない女の子でも，サッカーを楽しむことができます。

サッカーの楽しさの原点は，ボールを蹴ることです。
ボールを全く蹴れなければ，つまらなくなります。
ボールをたくさん蹴れば，おもしろくなります。

おもしろければ，子どもたちは動こうとします。「サッカーって楽しい」そう思うことが，子どもが動くエネルギーの源です。

ボールをたくさん蹴れば楽しくなる。

8 子どもたちのハートを射抜く言葉で話す

　しまオニというゲームがあります。次の２つの文章は，子どもたちに，しまオニを説明するときのものです。説明１と説明２を読み比べてみてください。

【説明１】
① 「これから，しまオニをします。」
② 「あそこに５つの円があります。」
③ 「５つの円のうち，いずれか１つに入ります。」
④ 「円の外にはオニが１人います。」
⑤ 「笛が鳴ったら，オニに捕まらないように，ほかの円へ逃げます。」

【説明２】
① 「きみたちは，これから**大冒険へ出発**します。」
② 「目的地は，**ネバーランド**です。」
③ 「あそこにある５つのネバーランドのうち，１つだけ好きなネバーランドを決めて，その中に入ります。」
④ 「そして，**魔法の笛**の音が聞こえたら，ほかのネバーランドに**冒険**にいくことができます。」

⑤ 「ただし，ネバーランドの外は海です。海には，おなかをペコペコに空かせた，こーんな大きな口をした**人食いワニ**がいます」
⑥ 「ワニに食べられないように気をつけてください。」

どちらも同じしまオニの説明です。**実践する前の子どもの気持ちを考えたときに，どちらが，「ワクワク」「ドキドキ」するでしょうか。**言うまでもなく，説明２のほうです。

まず，「大冒険」「ネバーランド」「魔法」というキーワードで，子どもたちのハートをがっちりわしづかみにします。

さらに，ゆっくりと低い口調で，「お腹をペコペコに空かせた……」と言うと，「キャアー」という表情をします（悲鳴はあげません）。

説明の段階で，「楽しそう」「はやくやりたい」と，思うと，意欲が高まるので，運動効果もあがります。

言葉には，子どもたちのハートを射抜くパワーがあります。子どもたちの体を動かし，心と体をスッキリさせたいのなら，まず子どもたちの心を動かしてください。

子どもたちのハートが動けば体も動く。

子どもたちの気持ちに働きかける

9 遊びの流行を発信する

　子どもたちが，外で体を動かして遊ぶ時間を有効に使いたいときに，幼稚園や保育園の先生にもできる簡単なテクニックがあります。

　それは，「遊びを流行らせる」ことです。

　ある保育園の子どもたちは，なわ跳びがとても上手にできます。なかには，あや（交差）跳びまで，できる子どももいます。

　遊び時間になれば，たくさんの子どもたちが，なわ跳びで遊びます。

　１人でなわを跳ぶ子どもや，先生と大なわをする子どもや，友達と２人で協力して跳ぶ子どもや，しっぽとりをしている子どもがいます。

　楽しいから遊び，遊ぶから上達します。上達すればもっとさらに楽しくなります。それを見ている年下の子どもたちも，「お兄さん，お姉さんのように跳べるようになりたい」と，感化されるようになります。

もうこうなれば，なわ跳びが大流行です。ただし，自然に流行したのではなく，最初はおとなが流行のタネをまいています。

たとえば，先生がなわ跳びをすれば，それを見た子どもたちはマネをしようとします。

子どもたちの誰かが上手に跳べば，「私も負けない」と思う子どもたちが，一生懸命練習するようになります。

そうやって流行が広がっていきます。

この保育園のなわ跳びを流行させるポイントは，

① 先生が率先してなわ遊びをする。
② 各自に専用のなわ跳びを持たせて，自由に使用できるようにする。
③ ご褒美シールなどをつくり，子どもたちの意欲を高める。

「流行はつくられる」と言うそうです。子どもたち遊びの流行を発信してはいかがでしょうか？

「流行に勝る指導方法はない。」

この保育園を見ていて，幼児体育指導者として，つくづくそう思います。

ときには，遊びの流行の，仕掛け人になる。

子どもたちの気持ちに働きかける

10 思いっきり大きな声を出してスッキリする

　元気体操という体操があります（62頁参照）。ぼくは，幼児体育指導をするときには，必ず最初に元気体操をします。

　元気体操は，大きな声を出しながら体を動かすので，とても気持ちがスッキリします。
　最初に元気体操をしてから，そのあとに話をすれば，子どもたちはしっかりと話に集中するようになります。
　たとえば，こんな感じです。
　「おはようございます！」
　「おはようございます！」（子どもたち）
　「元気体操，よーい，はじめっ！」
　「いつもっ！」「げんきっ！」（子どもたち）
　「○○ちゃん，元気チャンピオン」
　誰かひとりがチャンピオンになると，それまで元気がなかったほかの子どもたちにも元気が出てきます。

　「元気体操，2回戦，はじめっ！」
　「いつもっ！」「げんきっ！」（子どもたち）

じゅうぶんに体を動かしたと思ったら，その場に座らせてから，静かに話をはじめます。

　元気体操のよいところは，子どもたちが動き回るスペースを必要としないので，雨の日でも，室内でできることです。しかも，いつでも，どこでも，手軽で簡単にできます。
　指導中に，子どもたちに落ち着きがないと思ったら，すぐに元気体操に切り替えることもあります。

　ちなみに，最初は「元気」ではなく，「いーち」「にーい」と，かぞえながら行っていました。
　それだと何かイマイチだったので，「元気」という言葉に変えてみたところ，子どもたちの雰囲気にピッタリでした。

　「子どもたちの元気体操をしている姿が大好きです」と言う先生もいます。

　もしも，「子どもたちがスッキリする体操」というランキングがあったとしたら……，ぼくの中では，元気体操は間違いなく第1位にランキングされる体操です。

> **スッキリする極意は，体だけでなく口も思う存分に動かす。**

ドッジボールと顔面セーフ

　〈顔面セーフ〉ぼくが子どもの頃，ドッジボールにはこんなルールがありました。ところがこのルール，**時と場合によっては，デメリットになることがあります。**

　ある保育園でドッジボールをしていたときのこと。何やら子どもたちのボールのよけかたがおかしい。よく見ると何人かの子どもは，お辞儀をするようにボールをよけていました。

　頭を下げればたとえボールが頭に当たってもセーフになります。ただし，頭を下げるだけなので，素早くボールをよける必要はなくなります。ぼくから言わせれば，**せっかくの運動神経を伸ばすチャンスを逃していることになります。**

　ぼくなら「顔面セーフ」とせずに，「わざと顔にぶつけないように」と注意するだけにします。そうすれば，子どもたちはボールから必死で逃げるようになります。

　あなたが子どもの頃にした昔遊びのルールが，今の子どもたちのデメリットになっていることはありませんか？　遊びのルールをもう一度見直してください。

子どもの心と体が驚くほどスッキリする魔法の運動あそび

1 エンドレスリレー

こうすれば,もっともっとたくさん走れます。

楽しみ方

① 1チーム5,6人とします。
② チームの数だけコーン（またはタッチできるような目印になるもの）を用意します。
③ コーンをタッチして,元に戻って来たら,次の人とタッチして交代します。
④ **ひとり1回ずつ走ったら,終わりにするのではなく,2回,3回と繰り返して続けます。**
⑤ 子どもたちが,思う存分に走ったと思ったら,終わりにします。

指導のポイント

子どもたちの動きを増やすことを目指します。したがって,1チームの人数は5,6人を目安とします。

チームの人数が6人以上になると,待ち時間が長くなり,運動する時間が短くなります。 ちなみに,ぼくの場合は,子どもたち30人で6人のチームを5つつくります。

子どもたちは,勝ち負けにこだわらずに,全力疾走します。

タッチではなく本物のバトンを使うと、子どもたちはもっと張り切ります。

かけっこ&オニごっこでスッキリ

COMMENT

子どもたちは、リレーが大好きです。

そんな大好きなリレーを1回だけ走って終わりにしてしまうには、あまりにも惜しいような気がします。

大好きなリレーというゲームを利用して、思う存分に子どもたちを走らせます。

2 氷オニ

氷オニを楽しくする極意は，オニの人数にあり。

楽しみ方

① オニをひとり決めます。
② ほかの子どもはバラバラに散らばります。
③ オニはほかの人を追いかけてタッチします。
④ オニにタッチされた人は，両手を合わせて，足をひらいて，動けなくなります。
⑤ **仲間の誰かが，足の間をくぐり抜ければ，また動けるようになります。**
⑥ オニを交代して，繰り返します。

指導のポイント

オニの人数は，全体の3分の1を目安にします。子どもたちが10人の場合，オニは2，3人です。

オニが少ないと，すぐにつかれてしまうので全体の動きが鈍くなります。反対にオニが多すぎると，捕まる子どもが増えるので，動かない子どもが多くなります。

子どもたちが活発に動き続けるように，オニの人数で微調整してください。

COMMENT

　ぼくが，子どもたちに最初に教えるオニごっこが氷オニです。ルールのあるオニごっことして最初に覚えるのに，とてもよいオニごっこです。

　ひたすら走り回るのではなく，仲間を助けることがねらいです。**仲間を助けた子どもを誉めると，誉められた子どもはうれしくて助けることが楽しくなります。**

　氷オニがうまくなると，たとえ仲間がタッチされても，すぐに助けることができるようになります。すると全体の動きが活発になります。

　3歳児（年少）クラスでも覚えられるオニごっこです。

3 トロール船

盛りあがれば，20分でも30分でも続きます。

楽しみ方

① オニを10人決めて，手をつなぎます。
② オニは手をつないだまま追いかけます。タッチできるのは，両サイドの子どもだけとします。
③ **オニにタッチされた人は，オニと手をつないで，いっしょにオニになって，ほかの人を捕まえます。** オニは，どんどん長くなります。
④ オニのつないでいる手の下を，くぐり抜けて逃げてもOKです。
⑤ 最後まで残った人がチャンピオンです。

指導のポイント

オニがうまくいかない場合は，逃げる子どもをペアにして，手をつないだまま逃げるようにします。

そうすることで，オニが捕まえやすくなります。

最初は手が離れてしまうことが多くありますが，失敗を経験することで，子どもたちは上達します。

かけっこ&オニごっこでスッキリ

COMMENT

オニの人数が徐々に増えていくので,逃げる側にとっては,次第に緊張感が高まります。

うまくなれば,オニの子どもたちは,横一列に広がって,とおせんぼしたり,丸くなって囲んで捕まえたりできるようになります。捕まえる側と逃げる側の攻防を,楽しむことができます。

19人で手をつないで,最後に1人残った子どもをタッチしたときは,とても盛りあがりました。

4 手つなぎオニ①

大切なのは足の速さではなく2人の意思の疎通です。

楽しみ方

① 子どもたちを，2人組にします（人数によって3人組でも可）。
② いずれか1組をオニにします。
③ オニは帽子を裏返して目印とします。
④ **追いかける場合も，逃げる場合も，手を離してはいけません。**
⑤ **オニにタッチされたら，帽子を裏返して，オニの仲間になり，**ほかの人を追いかけます（オニが2組になります）。
⑥ 続けていくうちに，オニの仲間が増えていきます。
⑦ 最後に残った組を全員で讃えて終わります。

指導のポイント

逃げる側も追いかける側も，2人で手をつないだまま いっしょに走ることを目指します。

最初は手が離れてしまうこともありますが，叱るのではなく見守ることが大切です。

かけっこ&オニごっこでスッキリ

COMMENT

　手つなぎオニを経験したことのない子どもは，自分の思いどおりに動けないので，最初はとても戸惑います。

　オニが4人になったら，2人ずつに分かれるのが手つなぎオニのオリジナルです。その前に，手つなぎオニ1を経験させておくと，オニの人数が増えても，スムーズに適応することができるようになります。

5 手つなぎオニ②

増えては分かれ，また増えては分かれます。

楽しみ方

① オニを2人決めます。
② オニは2人で手をつないで，追いかけます。手を離してはいけません。
③ **オニが増えて4人になったら，間にいる人が手を離して，2人ずつに分かれます。**
④ 2つに分かれたオニは，同じようにして，4人になったら2人ずつに分かれます。
⑤ 最後まで残った人がチャンピオンになります。
⑥ チャンピオンが次のオニになります。

指導のポイント

子どもたちにとって，3人で手をつないだまま追いかけるのは，とても大変なことです。

なかなかオニの人数が増えなくてうまくいかない場合は，最初にオニを4人にして，2人組を2つつくってスタートしてください。

COMMENT

　オニが増えては分かれ，また増えては分かれます。みるみるうちにオニが増えていきます。オニが3人のときに，一番スピードが落ちるので，どうやって4人目をタッチするかが大きなポイントになります。

　最初は別々の子どもを追いかけようとするので，手が離れてしまいます。

　うまくいかない場合は，注意するのではなく，「どうして手が離れちゃうんだろう？」と質問してください。

　「あっちだ」「こっちだ」とオニの子どもたちから声が出てくるようになれば，しめたものです。

　4歳児（年中）クラスから覚えられます。

6 手つなぎオニ③

5人で手をつないだオニが追いかけてくる。

楽しみ方

① オニを3人決めます。
② オニは手をつないだまま、追いかけます。手を離してはいけません。
③ **オニが増えて6人になったら、オニは3人ずつに分かれます。**
④ 2つに分かれたオニは、同じように、6人になったら3人ずつに分かれます。
⑤ 最後まで残った人がチャンピオンになります。
⑥ チャンピオンが次のオニになります。

指導のポイント

　最初のオニがなかなか増えずに苦労している場合は、3人組を2つつくり、オニを6人からスタートしてください。

　オニは人数が増えるほどスピードがダウンします。したがって、5人で追いかけているときは、とても苦労します。

　オニが5人のときに、6人目をタッチすることができたら、必ずオニを誉めてください。

かけっこ&オニごっこでスッキリ

COMMENT

　手つなぎオニ2では最大3人で手をつないで追いかけましたが，この手つなぎオニ3では，最大5人で手をつないだまま逃げる人を追いかけます。これは，かなりのハイレベルです。

　端と端の子どもが違うほうにいこうとすると，バラバラに分裂してしまいます。

　うまくいかない場合は，一度止めて，誰を追いかけるのかを子どもたちに話し合わせてください。

　5歳児（年長）クラスの場合「オニが10人になったら5人ずつに分かれる」でも，できるようになります。

7 かけっこジャンケン

競争するだけがかけっこではありません。

楽しみ方

① スタートとゴールをつくります。スタートからゴールまでの距離は，約10mとします。
② 子どもたちはスタートラインの中で，誰かとジャンケンをします。
③ 勝った人は，ゴールまでダッシュします。
④ 負けた人は，ほかの相手を探して，勝つまでジャンケンを繰り返します。
⑤ ゴールについた人は，同じようにジャンケンをして，勝ったらスタートに戻ります。
⑥ スタートとゴールの間のダッシュを繰り返します。
⑦ 子どもたちが，思う存分に走ったと思ったら終わりにします。

指導のポイント

「ジャンケンに勝った人が，かけっこできるよ」と言って，どんどんジャンケンをするように促します。

かけっこ&オニごっこでスッキリ

COMMENT

　ジャンケンと走ることをただ繰り返すだけですが，子どもたちは，大喜びで走りまわります。ジャンケンをする時間がインターバルになるので，つかれずに長く続けることができます。

　実際の現場では，子どもたちは，全力疾走をして，思いっきりストレスを解消しているようにも見えます。

　定期的に思いっきり走る機会をつくることが大切です。

8 ちびっこしっぽとり①

しっぽをつけると，なぜだか走りたくなります。

楽しみ方

① ひとりにつき1本ずつなわ跳びを用意します。
② 子どもたちは，なわ跳びのはじをズボンの後ろにはさんでしっぽにします。
③ **おとながオニになって，子どもたちを追いかけます。**
④ 子どもたちは，しっぽをとられないように逃げます。
⑤ しっぽが途中で抜けてしまったり，とられてしまったら，**その場でしっぽをつけ直して，ゲームを続けます。**しっぽをつけ直す以外は，手を使わないこととします。

指導のポイント

おとながオニをやります。

子どもたちは，なわ跳びをつけると走り回りますから，なわ跳びを足で踏むだけで簡単に抜けます。

慣れてくると，なわ跳びを踏まれても「動かなければ抜けない」ことに気づく子どもがあらわれます。そういう場合には，手でなわ跳びを持って抜くルールに変更します。

かけっこ&オニごっこでスッキリ

COMMENT

なわ跳びの練習をしているときに，突然，「しっぽとり，ヨーイ」と言うと，子どもたちは，すぐにしっぽとりに切り替わります。

しっぽとりだけを単独で行うよりも，なわ跳びの練習の前後に組み合わせて行うと，運動が楽しく長続きするようになります。　　　　　　　　　　　　（16頁参照）

9 ちびっこしっぽとり②

逃げているだけではダメ。追いかけているだけでもダメ。

楽しみ方

① ひとりにつき1本ずつなわ跳びを用意します。
② なわ跳びをズボンの後ろにはさんでしっぽにします。
③ **自分のしっぽをとられないようにしながら，ほかの誰かのしっぽをとります**（自分にとっては，ほかの人全員がオニになります）。
④ しっぽが途中で抜けたり，誰かに抜かれてしまったら，その場ですぐにつけ直して，ゲームを続けます。
⑤ **しっぽを抜くときは，手，または足のどちらを使ってもOKとします。**
⑥ 子どもたちがバラバラに散らばったら，スタートします。

指導のポイント

しっぽをとられたら，その場ですぐにつけ直して続けるようにします。最後まで残った人をチャンピオンにするケースもありますが，子どもたちの動きを増やしたいときは，あえてチャンピオンを決めずに行うようにします。

かけっこ&オニごっこでスッキリ

COMMENT

しっぽとり①を発展させたゲームです。

しっぽとり②をすると，自分のしっぽを抜かれないようにしながら他人のしっぽを抜かなければならないので，まわりをよく見るようになります。

相手のしっぽをとることばかりに気を奪われている子どもは，自分のしっぽを抜かれてしまいます。

10 動物探検隊

子どもたちが夢中で走り回る魔法のゲーム。

楽しみ方

① 1枚の画用紙に動物を1匹描きます。6枚で6匹の動物を用意しておきます。

② **ゲームをはじめる前に，遊具や木やベンチなど，いろいろな場所に，動物の絵を隠しておきます。**

③ 子どもたちには，「森に6匹の動物が隠れています。動物探検隊になって，すべての動物を探し出してください」と説明します。

④ 注意として「動物には手を触れないこと」「動物を見つけても，ほかの人には教えないこと」を補足しておきます。

⑤ 最後に子どもたちを集めて，どんな動物が隠れていたか聞いてみましょう。

指導のポイント

「**3分の2を見つけやすい場所に，3分の1を見つけづらい場所**」に隠します。絵が6枚なら4枚を見つけやすい場所にします。見つけやすい場所に多く隠すのがポイントです。

ゲーム&体操でスッキリ

COMMENT

　最初に動物を隠さなければなりませんが，一度隠してしまえば，あとは子どもたちを見守るだけです。子どもたちは，大喜びで走り（探し）続けます。時間がないときには動物の絵を少なくし，たっぷり時間をかけたいときは，動物の絵を多くしています。5歳児（年長）クラスで，10枚ぐらいまで可能です。　　　　（8頁参照）

11 モジモジ探検隊

走りながら考えます。体だけでなく頭も一緒に使います。

楽しみ方

① 1枚の画用紙にひらがなを1文字書きます。ひらがなをすべて組み合わせると，ある言葉が完成するようにします（例：「す」「べ」「り」「だ」「い」）。

② ゲームをはじめる前に，遊具や木やベンチなど，いろいろな場所に，①の画用紙を隠しておきます。

③ 子どもたちに，「全部で何文字探すか」を教えて，**「すべての文字を見つけ出して並べ替えると，意味のわかる言葉になる」**ことを説明します。

④ 答えがわかった人は，先生のところにいって，ほかの人に答えを聞かれないように耳打ちします。

⑤ 最後に子どもたちを集めて，正解を発表します。

指導のポイント

頭の言葉「すべりだい」なら「す」を，見つけづらいところに隠します。子どもたちは勘がいいので，頭の言葉を最初に見つけると，答えを想像しやすくなります。

ゲーム&体操でスッキリ

COMMENT

　動物探検隊の応用編です。ただ発見するだけではなく，クイズ形式にすることで，考えながら走るようになります。5歳児（年長）クラスでは，ただ探すよりも，探しながら考えるようにしたほうが，より楽しめます。

　ちなみに，10文字までは可能です。「ありがとう」「たからとりげーむ」「そつえんおめでとう」など，いずれも正解しました。

12 かごの中のとり

逃げるほうも，逃がさないほうもエキサイトします。

楽しみ方

① 子どもたちは手をつないで，丸くなります。
② オニをひとり決めて，円の中に入ります。
③ オニは，円の外に逃げようとします。
④ ほかの子どもたちは，**手をあげたり，さげたりして，オニを外に逃がさないようにします。**
⑤ 注意事項として，「手だけを動かすこと，足は動かさないこと」と，子どもたちに説明します。
⑥ オニが外に逃げたら，オニを交代します。
⑦ オニが外に逃げられないようであれば，途中で終了して，オニを交代します。

指導のポイント

オニをやりがたる子どもがたくさんいるので，1人1回ずつオニをするようにします。

オニになる子どもの人数は，1回につき，全体の人数の5分の1ぐらいまでを目安とします。

ぼくの場合は，子どもたち30人でオニを5，6人にして，

1回につき20秒〜30秒間隔でオニを交代させます。

ゲーム&体操でスッキリ

COMMENT

現場では，あまり実践されていないゲームのようですが，これをすると，子どもたちのテンションは急上昇します。全体が1つのことに集中するようになります。

先生がオニになると，子どもたちは大盛りあがりします。

13 宝とりゲーム①

まずは，奪うことと守ることだけをしっかりと覚えます。

楽しみ方

① 宝として，ボールを１つ用意します。
② 子どもたちを，宝を奪うチームと，宝を守るチームの２チームに分けます。
③ **守るチームは，奪うチームの倍の人数にします。**
④ 守るチームには，次のとおりに説明します。
「最後まで宝を守り抜けば勝ち。」
「**相手が自分のコートに入ってきたら，タッチして捕まえられる**（入ってこなければタッチできない）。」
⑤ 奪うチームには，次のとおりに説明します。
「相手にタッチされずに宝を奪えば勝ち。」
「自分のコートにいる限りは，タッチされない。」
「**もしタッチされたら，一度，自分のコートに戻って，もう一度やり直す。**」
⑥ 守るチームには，「宝を守り抜けば勝ち」ということを強調しておきます。
⑦ コートのつくり方は次頁を参照してください。

指導のポイント

　最初は宝を奪うチームが有利なので，人数でハンデをつけます。簡単には宝を奪えないような状況をつくります。

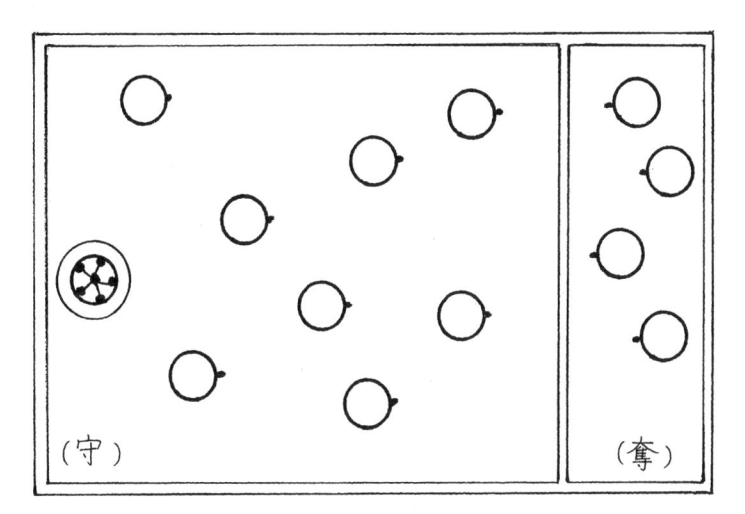

（守）　　　　　　　　　　　　　　　　（奪）

COMMENT

　タッチされたら捕まるのではなく，一度，自分のコートに戻ってから，スタートできるようにします。

　失敗してもやり直せるようにすると，子どもたちは，何度でもトライするようになります。

　守ることが上達してきたと思ったら，守る人数を徐々に減らします。

（14頁参照）

14 宝とりゲーム②

仲間を助けることを覚えると,さらに楽しくなります。

楽しみ方

① 宝としてボールを1つ用意します。
② 1チームの人数を5,6人として,**どちらかを奪うチーム,もう一方を守るチームとします。**
③ 守るチームには,次のとおりに説明します。
「最後まで宝を守り抜けば勝ち。」
「相手が自分のコートに入ってきたら,タッチして捕まえられる(入ってこなければタッチできない)。」
「相手をタッチして捕まえたら,オリに連れていく。」
④ 奪うチームには,次のとおりに説明します。
「相手の宝を奪えば勝ち。」
「自分のコートにいれば,タッチされない。」
「相手にタッチされたら捕まって,オリに入る。」
「オリの中にいる仲間にタッチして,手をつないで連れ戻ることができる。」

指導のポイント

奪うことばかりを考えていると，仲間を助けられません。
「助けてあげよう」と教えるのではなく，子どもたちが自分で行動するまで見守ってください。

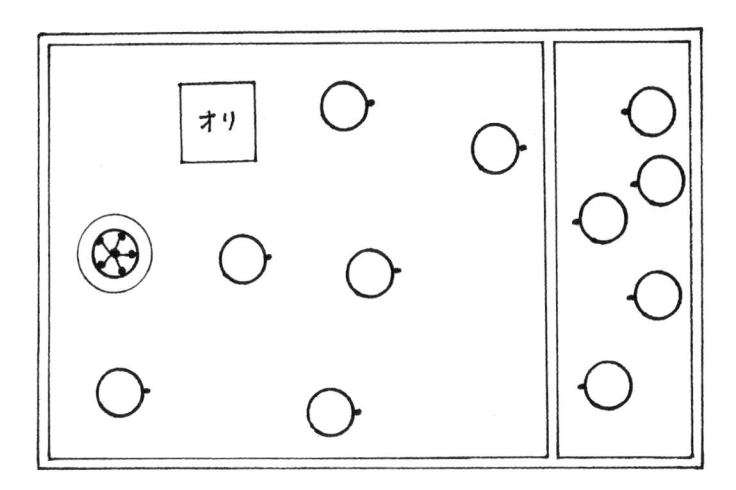

COMMENT

宝とりゲーム１では，宝物を奪うことだけを考えればよかったのですが，宝とりゲーム２では，仲間を助けなければ不利になり，仲間を助けることで形勢を逆転できます。

15 宝とりゲーム③

奪うか奪われるか，緊張と興奮がたまりません。

楽しみ方

① 宝としてボールを2つ用意します。
② 1チームの人数を5，6人として，2チーム対抗で行います。
③ 子どもたちに，次のとおり説明します。
「最後まで宝を守り抜けば勝ち。」
「相手が自分のコートに入ってきたら，タッチして捕まえられる。」
「相手を捕まえたら，手をつないで，オリに連れていく。」
④ 「最後まで宝を守り抜けば勝ち」ということを強調しておきます。

指導のポイント

「奪ったら勝ち」ではなく，「最後まで守り抜いたら勝ち」です。したがって，引き分けの場合は，「両チームの勝ち」とします。「最後までよく守ったね」と声をかけて，守り抜いたことを誉めてください。

ゲーム&体操でスッキリ

COMMENT

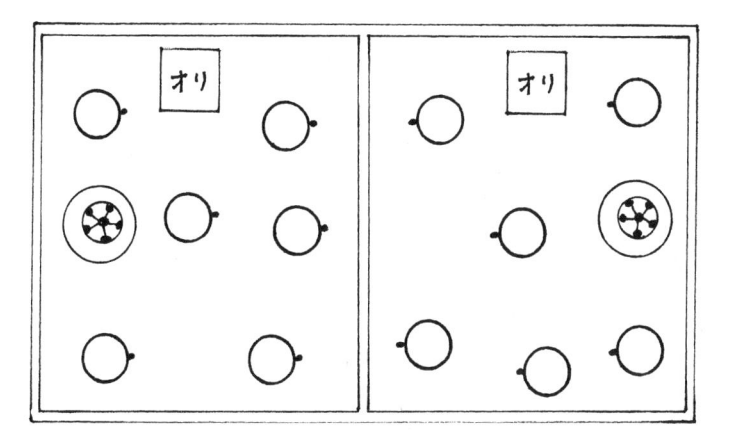

　おとながゲームの完成を急がないでください。急ごうとすると，答えを教えたくなります。子どもたちは教えられたとおりにやりますが，それはおとなの自己満足です。

　子ども自身が考え，気づくまで待ってください。

　宝を奪われてしまった5歳の子に，「どうしたら捕られないと思う？」と質問したら，ピンとひらめいたように，「後ろにさがればいいんだ」と言っていました。

16 ジャンケン大冒険

思いどおりに自由に動き回れるからこそ楽しめます。

楽しみ方

① 5つの円をバラバラに描きます。
② 子どもたちは、いずれか1つの円を選んで中に入り、誰かとジャンケンをします。
③ **ジャンケンに勝った人は、ほかの円を選んで移動します。**
④ **負けた人は、ほかの相手を探して、ジャンケンをします。**
⑤ 同じようにして、円の移動をどんどん繰り返します。
⑥ 注意事項として「同じ円に2回続けていないように」補足します（2回続かなければOK）。
⑦ 子どもたちが思う存分に動いたら終わりにします。

指導のポイント

円の数の目安は、10人以下の場合2個、11人～20人の場合3～4個、21人～30人の場合4～5個、31～40人の場合6,7個です。

ゲーム&体操でスッキリ

COMMENT

　オリジナルは,笛が鳴ったらオニに捕まらないように円から円へ移動するというゲームです。

　オニごっこのようにしなくても,子どもたちは喜んで動き回ります。

17 元気体操

いつでもどこでも簡単にできて，スッキリする体操です。

楽しみ方

① 子どもたちは，ぶつからないように，ばらばらに散らばります。
② 足を肩幅に広げます。
③ 最初に，手をグーにして，**おしりがかかとにつくぐらいにひざを曲げて小さくなります。**
④ 次に，立ちあがりながら，両手をパーにして上にあげます。
⑤ 「げん」と言いながらひざを曲げて，「き」と言いながら立ちあがります。
⑥ 「げんき」「げんき」と大きな声を出しながら10回繰り返します。

指導のポイント

「○○くん，元気チャンピオン！」と，元気な子どもを誉めます。

最初は元気がなくても，誰かがチャンピオンになると，ほかの子どもたちにも徐々に元気が出てきます。

ゲーム&体操でスッキリ

COMMENT

　元気体操の基本はスクワットです。しっかりとひざを屈伸するので，準備運動にも最適です。また，大きな声を出すので，ストレスの発散になります。

　実際の現場では，「みどり（組）」「いつも」「元気」と，最初にクラスの名前を言ってから，「いつも」「元気」と続けています。

(26頁参照)

18 エネルギーゲーム

難しそうだけど一度覚えたらハマります。

楽しみ方

① 子どもたちを2チームに分けて,1チームの人数を4,5人とします。
② 川のような2本のラインを引いて,2つの陣地をつくります。
③ 陣地と陣地との間隔は約10mとします。
④ 子どもたちには,「**陣地の中に入るとエネルギーが増える**」「**陣地の外へ出るとエネルギーが減る**」「**エネルギーの多いほうが強い**」ことを説明します。
⑤ 強い人(あとから出た人)が,弱い人(先に出た人)をタッチして捕まえることができます。
⑥ 相手を捕まえた人は,玉入れの玉を,1つ獲得することができます。
⑦ 捕まえられた人は,自分の陣地に戻り,もう一度やり直します。
⑧ 最後に玉を獲得した人を全員で讃えて終わります。

指導のポイント

ルールを理解していない子どもは一度止めて,「強いのはどっち？」と質問します。答えられないときには,「あとから出た人が強い」ことを教えます。

チームでスッキリ

COMMENT

観察力と判断力を養います。一見,難しそうですが,子どもたちは,すぐに覚えてしまいます。

うまくなると,最初におとりを出しておいて,相手をおびきよせてから,ほかの仲間がタッチして捕まえることもできるようになります。

19 ラグビーオニごっこ①

判断力と行動力がスタートするポイントです。

楽しみ方

① 子どもたちを2チームに分け,1チーム5,6人とします。
② スタートとゴールをつくります。スタートからゴールまでの距離は,10～20mとします。
③ どちらか一方のチームがスタートに入ります。
④ もう一方のチームは,スタートとゴールの間に,バラバラに散らばります。
⑤ **スタートからゴールまで,相手にタッチされずにいくことができれば成功です。**
⑥ タッチされてしまった人は,**もう一度スタートからやり直します。**
⑦ 約1分間で攻守交代します。
⑧ 最後にゴールした人を全員で讃えて終わります。

指導のポイント

勇気を出してスタートをしたら,たとえゴールできなくても,「惜しかったね」「もうちょっとだったね」と言って,決

断して行動したことを誉めてください。

ゴール

スタート

チームでスッキリ

COMMENT

相手のチームが目の前に何人もいて、その向こうにゴールがあることを想像してください。

タッチされずにゴールにいかなければいけないわけですから、一瞬の判断力と思い切った行動力が必要です。

20 ラグビーオニごっこ②

まるで格闘技のような激しいオニごっこです

楽しみ方

① 子どもたちを2チームに分け，1チーム5，6人とします。

② スタートとゴールをつくります。スタートからゴールまでの距離は，10～20mとします。

③ どちらか一方のチームがスタートに入り，もう一方のチームは，スタートとゴールの間に，バラバラに散らばります。

④ 無事にゴールまで，たどりつければ成功です。

⑤ 途中で体を押さえられて，その場で3秒間動けないときはアウトとして，もう一度スタートからやり直します（おとなが3カウントします）。

⑥ ただし3秒以内に少しでも前進したらセーフとし，また0からカウントし直します。

⑦ 約2分間で攻守交代します。

⑧ 注意事項として「体だけを押さえること」「洋服はつかまないこと」「キックやパンチはしないこと」を子どもたちに伝えます。

⑨ 最後にゴールした人を全員で讃えて終わります。

指導のポイント

誰かが押さえこまれたら，先生はすぐに近くにいって，反則がないかどうか注意しながらカウントします。

COMMENT

非常に激しいオニごっこですが，泣く子どもはほとんどいません。5人がかりで押さえつけられながらゴールをした子どももいます。

格闘技にも近い，少々荒っぽいゲームですが，だからこそ，最近の子どもたちに経験させたいゲームです。

21 ちびっこサッカー

こうすれば女の子にもサッカーが楽しめます。

楽しみ方

① 空気を半分だけ抜いたボールを1つ用意します。
② 子どもたちを2チームに分けて，1チーム8人〜10人とします。
③ 川のように2本の線を引いてそこをゴールとします。
④ 子どもたちには，**「名前を呼ばれた人だけがゴールから出てボールを蹴ること」「それ以外の人はゴールキーパーになってゴールを守ること」**を説明します。
⑤ 注意事項として「ボールを蹴る人は，手を使うことはできない」「ゴールキーパーは手を使ってもよい」ことを話します。
⑥ 1回につき，2，3人ずつでプレイします。
⑦ 最後に，得点をした子どもたちを拍手で讃えて終わります。

指導のポイント

ボールの空気を半分抜いて使います。

ボールの空気を抜くと，遠くに転がらないので，より多く

の子どもがボールを蹴れるようになります。

えい!

チームでスッキリ

COMMENT

　幼児体育指導では，男の子だけでなく女の子が楽しめるように工夫することが大切です。2チームに分けるときに，男の子と女の子の割合を同じにしておけば，実際にゲームをするときに，女の子同士でプレイすることが可能になります。

　最初はボールを蹴る方向を間違える子どももいますが，注意することよりも意欲的にボールを蹴ろうとすることを誉めてください。

22 ちびっこドッジボール①

ドッジボールの原点はボールをぶつけることです。

楽しみ方

① ドッジボールのコートをつくります（2m×4mの長方形）。

② 子どもたちを2チームに分けて，1チーム4，5人とします。

③ 子どもたちは自分のコートの中（内野）に入ります。**外に出る子ども（外野）はなしにします。**

④ **先生（おとな）が，どちらか一方のコートにボールを転がします。**

⑤ 誰かがボールをキャッチしたら，相手にボールをぶつけます。

⑥ 誰もボールをキャッチできなければ，今度は，新しいボールを反対のコートに転がします。

⑦ ボールがコートの外に出るたびに，素早く新しいボールを入れます（あらかじめボールを5，6個用意しておくと便利です）。

⑧ **相手にボールをぶつけられても，そのままコートの中（内野）に残りゲームを続けます。**

⑨ ボールをぶつけた子どもは,玉入れの玉を1つ獲得します。

⑩ 最後に,ボールをぶつけた子どもたちに,全員が拍手をして終わります。

チームでスッキリ

指導のポイント

　ここでは，ボールをぶつけることだけを目指します。したがって，その他のルールは一切無視します。

　この段階では，ボールを持ったら前へ（センターラインまで）動くことができればじゅうぶんです。逃げる子どもには，「どこに逃げたらいい」と質問して，後ろのラインまでさがったほうがよいことを教えてください。

COMMENT

　ドッジボールのルールは覚えることが多いので，一度に全部を教え込もうとすると，うまくいきません。したがって，ルールをシンプルにします。

　最初は，コートを小さくすることで，ボールをぶつけやすい状況をつくります。誰かがボールをぶつけようとすると，相手の集中力がとても高まるのがわかります。

　ぶつけた子どもは玉を獲得できるので，さらに意欲も高まります。

　現場では，ぶつけた子ども本人に，箱から玉を1つ取りださせて，自分のチームのフープの中に入れさせています。

23 ちびっこドッジボール②

勝ち負けがなくてもドッジボールは楽しめます。

楽しみ方

① 子どもたちを2チームに分けます。1チーム7, 8人とします。
② 小さなドッジボールのコートをつくります（2m×4mの長方形に，幅1mの外野）。
③ 子どもたちは，それぞれ自分たちのコートの中に入ります。
④ **子どもたちに相談させて，あらかじめコートの外に出る人（元外野）を1人決めます。**
⑤ 準備ができたら，ゲーム開始です。
⑥ **ボールをぶつけられた人は，コートの外（外野）に出ます。**
⑦ ボールがコートの外に出てしまったら，先生が新しいボールを入れて続けます（事前にボールを5, 6個用意しておくと便利です）。
⑧ 注意事項として，以下を補足します。
「外野の人がボールをぶつけても中には戻れない。」
「相手の陣地に落ちているボールでも，足が出なけれ

ば奪ってよい。」

「先生がカウントをはじめたら，3つ数え終わるまでに投げる。」

⑨ 最後に，コートの中に残っている人を全員で拍手をして讃えて終わります。

指導のポイント

外野の子どもが中に戻れるようにすると,どうしてもゲーム時間が長くなりがちになります。

短い時間で集中して行うには,最初は中に戻らないルールにします。戻れなくなれば,コートの中に居続けることの価値が高まります。

子どもたちが上達してきたと思ったら,中に戻れるようにします。

いつも決められたルールどおりにするのではなく,子どもたちの状況にあわせて,ルールを変えて行います。

チームでスッキリ

COMMENT

このドッジボールでは,外野のスペースを限定します。サイドを使えなくすることで,ボールを投げる方向が限られるので,プレイが途切れることなくスムーズに進行します。

また,ドッジボールには,「相手チームを全滅させたら勝ち」というイメージがありますが,この時期の子どもたちにとって大切なことは,勝ち負けをつけることよりも,「ドッジボールって楽しいな」と感じることです。

子どもたちがゲームを楽しむことから考えれば,勝敗をつけなければいけないとは限りません。

24 ゴロゴロドカン

こんなオニごっこ，今までに見たことありません。

楽しみ方

① 直径1mぐらいの大きなボール（バランスボールのようなもの）を1つ用意します。
② 5, 6人を1組として，手をつないで円になります。
③ おとなが子どもたちに向かって，大きなボールを転がします。
④ 子どもたちは，**ボールにぶつからないように，手をつないだまま逃げます。**
⑤ 注意事項として，「手を離さないこと」「誰かが転んだら，一度その場でストップして，手をつないでからやり直すこと」を補足します。
⑥ ボールから逃げることができれば大成功です。

指導のポイント

あまり子どもたちを急がせないようにします。

ボールを転がさずにゆっくりと近づくだけでも，子どもたちは悲鳴をあげながら逃げ回ります。ボールを転がすときは，ゆっくり過ぎるぐらいのスピードにします。

ボールでスッキリ

COMMENT

　手をつないで円のまま逃げるということは，後ろ向きや横向きのかっこうで逃げなければいけません。子どもたちにとっては，とても難しいことです。

　手が離れてしまうことも経験です。失敗を経験させながら，手をつないだまま逃げることができたら，その瞬間を見逃さずに，「いいぞ」と言って，子どもたちを誉めるようにしてください。

25 ゴロゴロスルー

ボールが円の中を通過すれば大成功です。

楽しみ方

① 直径1mぐらいの大きなボール(バランスボールのようなもの)を1つ用意します。
② 5,6人を1組として,手をつないで円になります。
③ おとなは,わざと子どもたちのいない方向に,ボールを転がします。
④ 子どもたちは,手をつないだままボールを追いかけます。
⑤ **ボールに追いついたら,つないでいる手をあげて,円の中を通過させます。**
⑥ 誰もボールにさわらずに,ボールが通過すれば大成功です。

指導のポイント

わざと子どもたちが追いつけそうなスピードで,ボールを転がします。子どもたちは,手をつないだままボールに追いつこうとするので,一生懸命にボールのところまで移動しようとします。

ボールでスッキリ

COMMENT

　毎年，5歳児（年長）クラスで，必ず行うゲームです。
　最初のうちは，ボールが誰かの体にぶつかってしまうことが多くあります。回数を重ねていくと，子どもたちは，いとも簡単にスルーできるようになります。
　子どもたちが上達したら，グループごとに，クリア（成功）の回数を競わせます。

26 ボールコロコロ

自分のコートにあるボールを減らせば勝ちです。

楽しみ方

① 子どもたちを2チームに分けます。1チームは5,6人～10人とします。
② 中央にラインを引いて，それぞれのチームのコートとします。
③ **子どもたちの人数の半数のボールを用意します**（2チーム合わせて20人の場合ボールは10個）。
④ ボールをそれぞれのコートに，バラバラに散らばしておき，「スタートの合図で，相手のコートの中に，どんどんボールを転がす」よう説明します。
⑤ 注意事項として「ボールは上から投げずに下から転がすこと」を補足します。
⑥ 笛の合図で終了として，次のチームと交代します。

指導のポイント

1度に2個以上のボールを扱わないようにします。子どもたちに，できる限りボールにたくさん触れさせることがねらいです。

ボールでスッキリ

COMMENT

　勝敗をつけると，一度ゲームを止めなければなりません。そのたびにボールの数をかぞえなければいけないので，余計に時間がかかってしまいます。
　勝敗をつけずに，どんどん子どもたちを交代するほうが，運動の効率があがります。

27 めちゃドッジ①

ラインがない，はちゃめちゃなドッジボール。

楽しみ方

① 子どもたちの人数の半分のボールを用意します（10人なら5個）。
② ボールをバラバラに散らばしておきます。
③ 子どもたちに「どれでもいいから，ボールを1つ拾って，**友達のおしりにぶつける**」よう説明します。
④ 注意事項として「**一度投げたボールは1回休みとする**（2回続けて同じボールを使わない）」と伝えます。
⑤ 子どもたちが，ばらばらに散らばったら，スタートします。

指導のポイント

同じボールを連続して使わないようにします。そうすると自分から進んで落ちているボールを探すようになります。

自分で動いてボールをとりにいくことをねらいとします。

また，ボールの数を減らしておくことによって，自分で素早く行動しなければいけない状況をつくります。

ボールでスッキリ

COMMENT

　ドッジボールの練習にとてもよいゲームです。

　ぼくの場合は，ドッジボールをする前のウオーミングアップとして，必ず行うようにしています。

　ドッジボールに必要な，ボールを，「ぶつける」「よける」「素早く拾う」の3つの要素すべてをこのゲームで養うことができます。

　実際にこのゲームをしたあとにドッジボールをすると動きがよくなります。

　子どもたちにとって，ルールも簡単なので，すぐに覚えることができます。

28 めちゃドッジ②

「バリア」をすればボールをぶつけられません。

楽しみ方

① 子どもたちの人数の半数のボールを用意します。
② 子どもたちを2チームに分けて、**どちらかをぶつけるチーム、もう一方を逃げるチーム**とします。
③ **ぶつけるチームは、ボールを相手のおしりにぶつけます。**
④ 逃げるチームは、ぶつけ返してはいけません。
⑤ ボールをぶつける人は、**バリアの構えをしている人に対しては、ボールをぶつけてはいけません。**
⑥ バリアの構え方は「両手をパーにする」「足をひらく」「『はいっ』と言う」とします。
⑦ **一度バリアを使ったら、必ず10歩移動します**（同じ場所で2度続けてバリアは利用できません）。
⑧ ぶつけるチームと逃げるチームは先生の合図で交代します。

指導のポイント

「バリア」をした子どもはボールをぶつけられません。

ボールをぶつける人に素早く正対することがねらいです。

　このゲームをすると、実際のゲームでもボールから目を離さないようになります。

ボールでスッキリ

COMMENT

　連続してバリアを利用しないルールがあることで、子どもたちのバリアの乱用を防ぎます。

　10歩移動している間に、ボールをぶつけられることもあります。

おわりに

子どもたちの人間的成長を支援する

　今，きみたちの心の中には，宝物が2つあります。
　「宝物なんてないよ」そう思うかもしれないけれど，それは，目には見えない宝物です。

　2つの宝物の名前，わかりますか？　1つは，「強い自分」という宝物。もう1つは，「やさしい自分」という宝物です。
　そうです。
　きみたちは，ついに宝物を手に入れることに成功しました。
　おめでとう！　本当におめでとう！

　運動会で，きみたちが見せてくれた組体操は，大成功でした。その証拠に，見ていた人たちが，たくさんの拍手をきみたちに送っていました。なぜ，拍手をしてくれたかわかりますか？

　それは……，
　きみたちが，素早く動いていたからです。
　きみたちが，口を結んでいたからです。
　きみたちが，洋服についた泥をとろうとしなかったからです。

きみたちが、自分に負けなかったからです。

　組体操の大冒険は、もうおしまいです。でも、体操教室という大冒険は続きます。
　これまでと同じように、自分に負けないように、しっかりと頑張ってください。

　あっ、それから……、
　せっかく手に入れた大事な宝物です。どこかになくさないように、大切に自分の心の中にしまっておいてください。

　これは、実際に、ぼくが子どもたちに贈った手紙です。
　東京都の北区という場所に、日の基保育園があります。ぼくは、そこで定期的に幼児体育指導をしています。
　この手紙は、運動会が終わったあとに、緑組（年長組）の子どもたちに書いたものです。

　運動会の５か月前、初めて組体操の練習をする前に、ぼくは、子どもたちにこう言いました。
「これから、宝物を探しに組体操という冒険に出発します。冒険にいく前に、確かめておきたいことがあります。」
「組体操には、辛いことや苦しいことがあるかもしれません。それでもいいですか？　それでもやりますか？」

実際には,「運動会で組体操をすることについて子どもたちの同意を得てください」とあらかじめ担任の先生にお願いしてありました。

　運動会の種目を決めるのに,いちいち子どもたちの意見を聞くなんて,とても手間がかかることです。
　子どもたちにも,まだそこまでの判断力はありません。
　では,なぜそうするのか。
　それは,おとなだけで勝手に決めたことを,子どもたちにやらせたくないからです。だから,たとえかたちだけであっても,子どもたちと相談したいと思います。

　もしもぼくが子どもの立場だったら,他人に決められたことをするのと,相談して決めたことをするのでは,後者のほうがやる気になります。
　運動会さえ成功すればよいのでありません。運動会の練習をとおして人間的成長をすることが大切です。そのためには,子どもたちの心に届く言葉が必要です。

　子どもたちの人間的成長を支援するために,子どもたちに言葉を送り続けたいと思います。

斎藤道雄

[事業案内] **クオリティー・オブ・ライフ・ラボラトリー**

　クオリティー・オブ・ライフ・ラボラトリーでは，幼稚園や保育園に体育講師のプロを派遣しております。「先生の意識が変わった」「遊びの質が向上した」「保護者からの評価が上がった」など，喜びの声を多数頂戴しております。

　「月に1回（または1年に数回）だけでも，プロに指導してほしい」

　「ゲームや遊びのレパートリーをもっと増やしたい」

　「室内でも運動できるゲームや遊びを知りたい」

　「鉄棒やとび箱などの正しい教え方を知りたい」

　「運動会の種目を新しくしたい」

　などなど，お悩みやご要望をお気軽にご相談ください。

幼児体育講師派遣のメリット

① 　ゲームスキルがアップします（指導技術の向上につながります）。

② 　運動や遊びの正しい知識が獲得できます（自信がつきます）。

おもな事業

幼児体育講師派遣，講演，研修，執筆，育成事業。

・・・・・・・・・・・・・・【お問い合わせ】・・・・・・・・・・・・・・

　園名，担当者名，電話番号，ファックス番号，ご依頼内容を明記の上，メールまたはファックスにて，お問い合わせください（連絡先は次頁参照）。

著者紹介
● 斎藤道雄

　ムーブメント・クリエーター。「クオリティー・オブ・ライフ・ラボラトリー主宰。
　まるで魔法をかけたように子どもたちを楽しくする「幼児体育のプロ」として活躍。
　これまでに多数の幼稚園や保育園で体操講師として指導。場面に応じてゲームや遊びを巧みに利用する授業は，「現場の先生のよいお手本になる」と，高い評価を得ている。
　「人間的成長なくして技術的成長なし」という考え方を基本に，子どもたちの人間的成長につながる技術的成長を支援する。
　著書『3・4・5歳児の考える力を楽しく育てる簡単ゲーム37』『子どもを動かす魔法のゲーム31』（いずれも黎明書房刊）は，保育士や幼稚園教諭の指導スキルアップ，お父さんやお母さんの子育てのヒントとして人気を呼んでいる。

【問い合わせ先】
Eメール　info@michio-saitoh.com
ファックス　03-3302-7955
ホームページ　http://www.michio-saitoh.com/

＊イラスト　伊東美貴

3・4・5歳児の子どもが落ち着く魔法の運動あそび28

2012年2月15日　初版発行

著　者	斎藤　道雄
発行者	武馬　久仁裕
印　刷	藤原印刷株式会社
製　本	協栄製本工業株式会社

発　行　所　　株式会社　黎明書房
〒460-0002　名古屋市中区丸の内3-6-27　EBSビル
☎052-962-3045　FAX052-951-9065　振替・00880-1-59001
〒101-0051　東京連絡所・千代田区神田神保町1-32-2
　　　　　　南部ビル302号　☎03-3268-3470

落丁本・乱丁本はお取替します。　　　　ISBN 978-4-654-00255-9
© M. Saito, 2012, Printed in Japan

斎藤道雄著　B6判・93頁　1200円

子どもを動かす魔法のゲーム31 付・じょうずに子どもを動かす10のヒント

　　黎明ポケットシリーズ①　楽しく遊んでいる内に，あとかたづけしたり，口を閉じて静かにしたりできる「魔法のゲーム」31種。

斎藤道雄著　B6判・95頁　1200円

魔法の体育指導法60 とび箱・なわとび・鉄棒・マット・ボール・平均台・集団あそび

　　黎明ポケットシリーズ③　子どもたちが無理なく運動ができるようになる指導のポイントを，わかりやすく紹介。

斎藤道雄著　A5判・110頁　1800円

幼稚園・保育園の
子どものこころとからだを動かすすごい教え方50

　　道徳やマナーのわかりやすい教え方や，運動や遊びを上達させる教え方など，保育者に役立つ効果的な説明・指導の仕方を紹介。

斎藤道雄著　A5判・109頁　1800円

幼稚園・保育園の
かならず成功する運動会の種目60 付・見栄えをよくするための17のヒント

　　種目の選び方，演技の順番や隊列の組み方，どんな目標を立て練習をするかなど，運動会を成功させるあらゆるコツを伝授。

斎藤道雄著　A5判・109頁　1800円

0〜5歳児の運動する力を楽しく育てる簡単あそび47

　　子育て支援シリーズ⑨　バランスをとる能力，よじのぼる能力など，子どもたちの運動する力を楽しく育てるあそび47種を紹介。

斎藤道雄著　A5判・97頁　1700円

3・4・5歳児の考える力を楽しく育てる簡単ゲーム37

　　子育て支援シリーズ⑧　観察力・判断力・集中力など，子どもたちの考える力を楽しくのばすゲーム37種。役に立つアドバイス付き。

　　　　　　　　表示価格は本体価格です。別途消費税がかかります。

原坂一郎著　A5判・109頁　1600円

原坂一郎の
幼稚園・保育園のクラスづくりスタートダッシュ

クラスづくりは，4月のスタートさえうまくいけば，最後までうまくいく。誰もが望むすばらしいクラスをつくるノウハウを公開。

原坂一郎著　B6判・119頁　1300円

子どもが笑う！ クラスが笑う！ 保育のお笑いネタ50

黎明ポケットシリーズ④　笑いある楽しい保育を目指して活躍する，スーパー保育士・イチロー先生のどの子も笑顔になれる技。

芸術教育研究所監修　津村一美著　B5判・96頁　1900円

乳幼児のリトミックあそび はじめの一歩

日常生活で体験したことを題材にしたり，子どもたちの大好きな絵本や歌を使った，0歳からできるリトミックあそびを紹介。

日本創作ゲーム協会編著　A5判・148頁　1700円

先生の言葉かけで進める
3・4・5歳児の室内・室外ゲーム70

幼児のゲーム＆あそび⑤　みんなで楽しくできる室内・室外のゲームを70種紹介。ゲームの進め方，指導者へのアドバイスも掲載。

三宅邦夫・山崎治美著　B6判・77頁　840円

おじいちゃん・おばあちゃん・パパ・ママ・子ども
みんな笑顔で楽しく遊ぼう！

愛コンタクト遊び，子どもの成長が嬉しくなる遊び，アットホーム遊び，遊びうたなど，家族の絆が深まる遊びがいっぱい。

三宅邦夫著　B5判上製・326頁　5800円

集会・行事・運動会のための体育あそび大事典

時・場所・人数・ねらいに応じて自由に活用できる631種。『みんなで楽しむ体育あそび・ゲーム事典』新装・改題。

表示価格は本体価格です。別途消費税がかかります。